Ce livre
appartient à

____

L'alphabet

Suis les pointillés pour t'entrainer à écrire l'alphabet

A A A A A

B B B B B

C C C C C

D D D D D

E E E E E

F F F F F

Abeille

Bébé

Camion

Elephant

Gâteau

Hibou

Igloo

jouet

Kangourou

Lion

M M M M M
N N N N N
O O O O O
P P P P P
Q Q Q Q Q
R R R R R

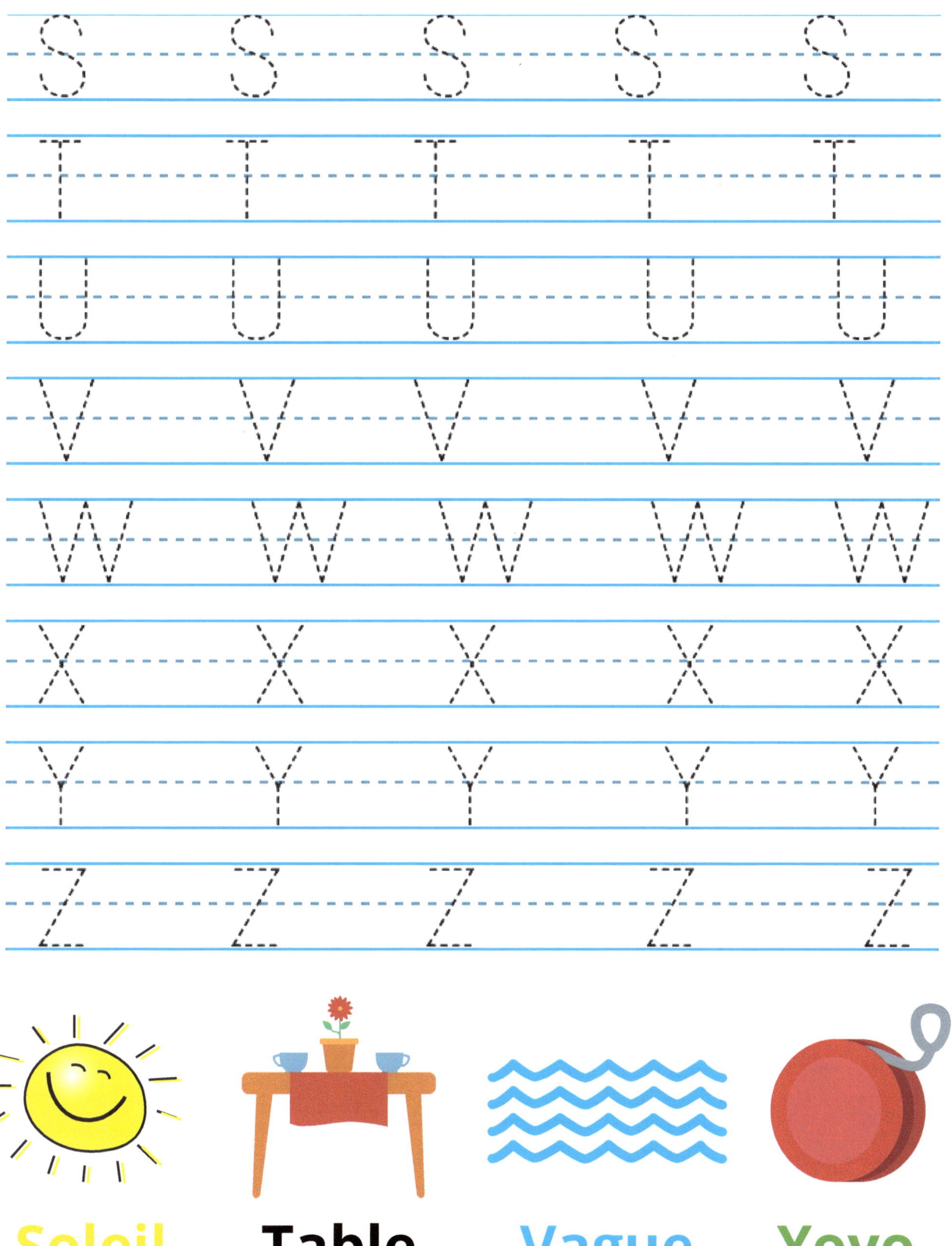

Soleil
Table
Vague
Yoyo

Les chiffres

Les quantités et les nombres

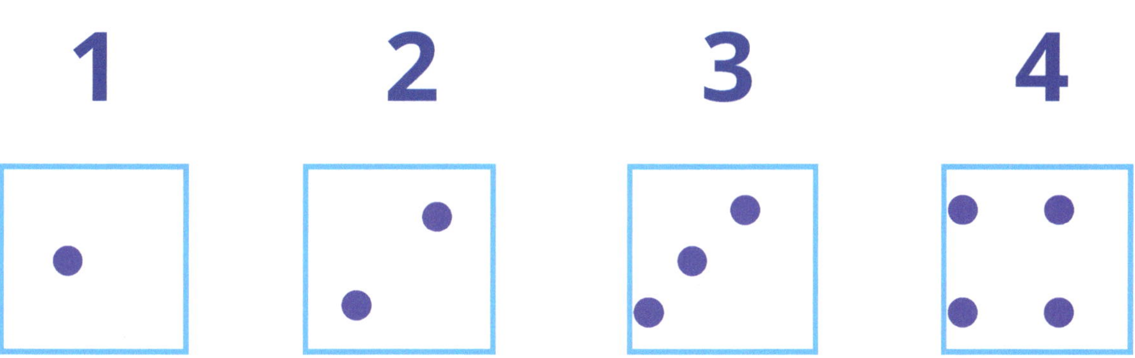

Entoure le nombre qui correspond aux bougies

Entoure le nombre d'objets du carré

Note combien de légume tu as compté dans chaque case

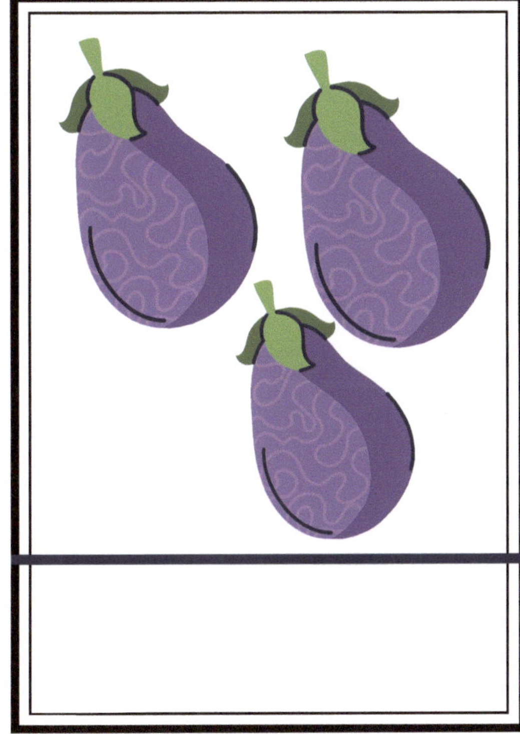

Traçage

Trace ces éléments

suis les pointillés

Gauche & droite

Découpe et place les voitures selon leurs sens de circulation

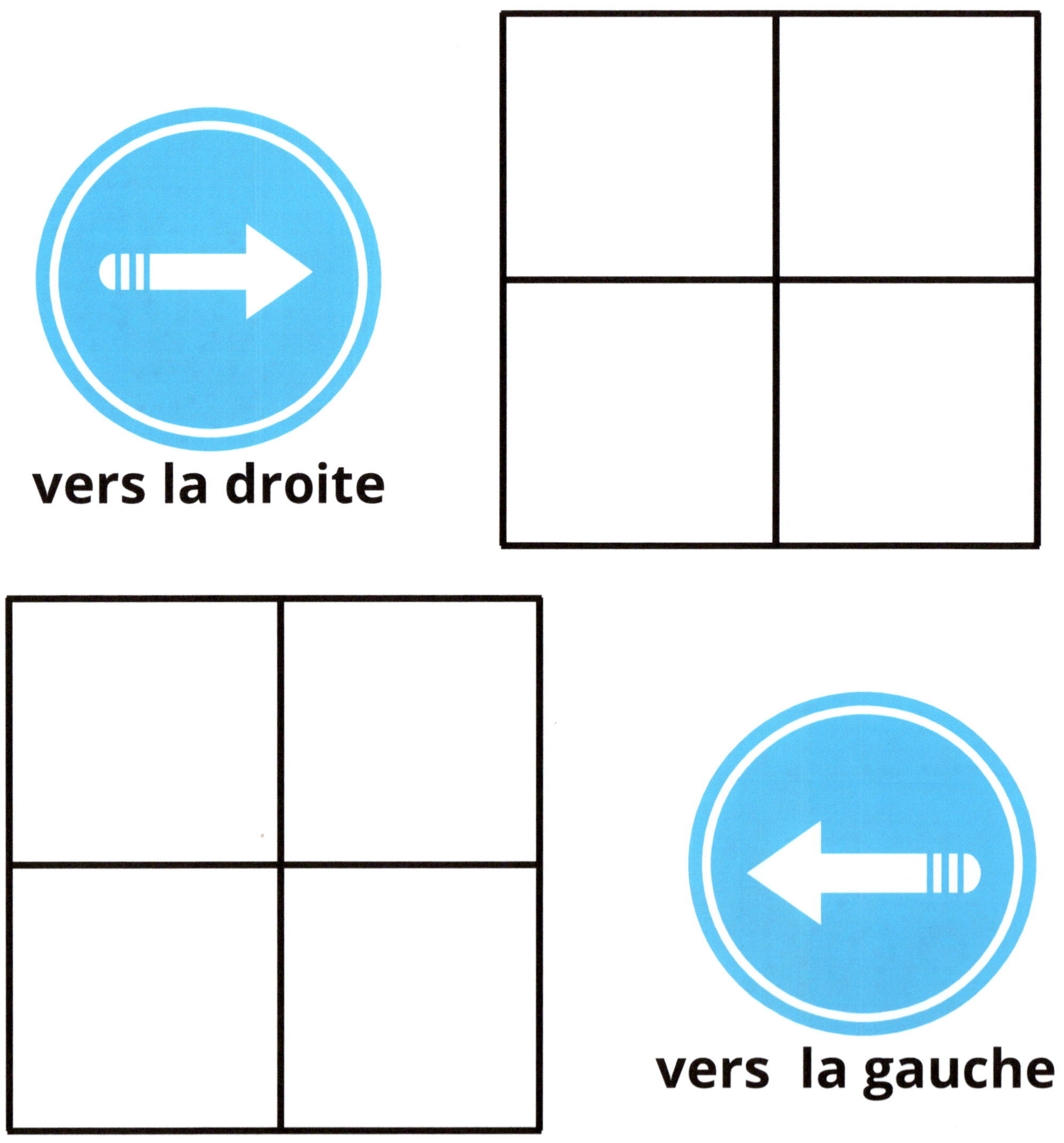

Les légumes & fruits

Découpe et place les légumes à droite et les fruits à gauche

Cartes à découper

Cartes à découper

Les contraires : Sur /sous

Colorie en **JAUNE** le chat sur la table et en **VERT** le chat sous la table/banc

Les animaux

Coche en **ROUGE** les animaux qui rampent et en **BLEU** ceux qui marchent.

Coche en **VERT** les animaux qui volent et en **ORANGE** ceux qui nagent.

Les formes

Relies les formes identiques

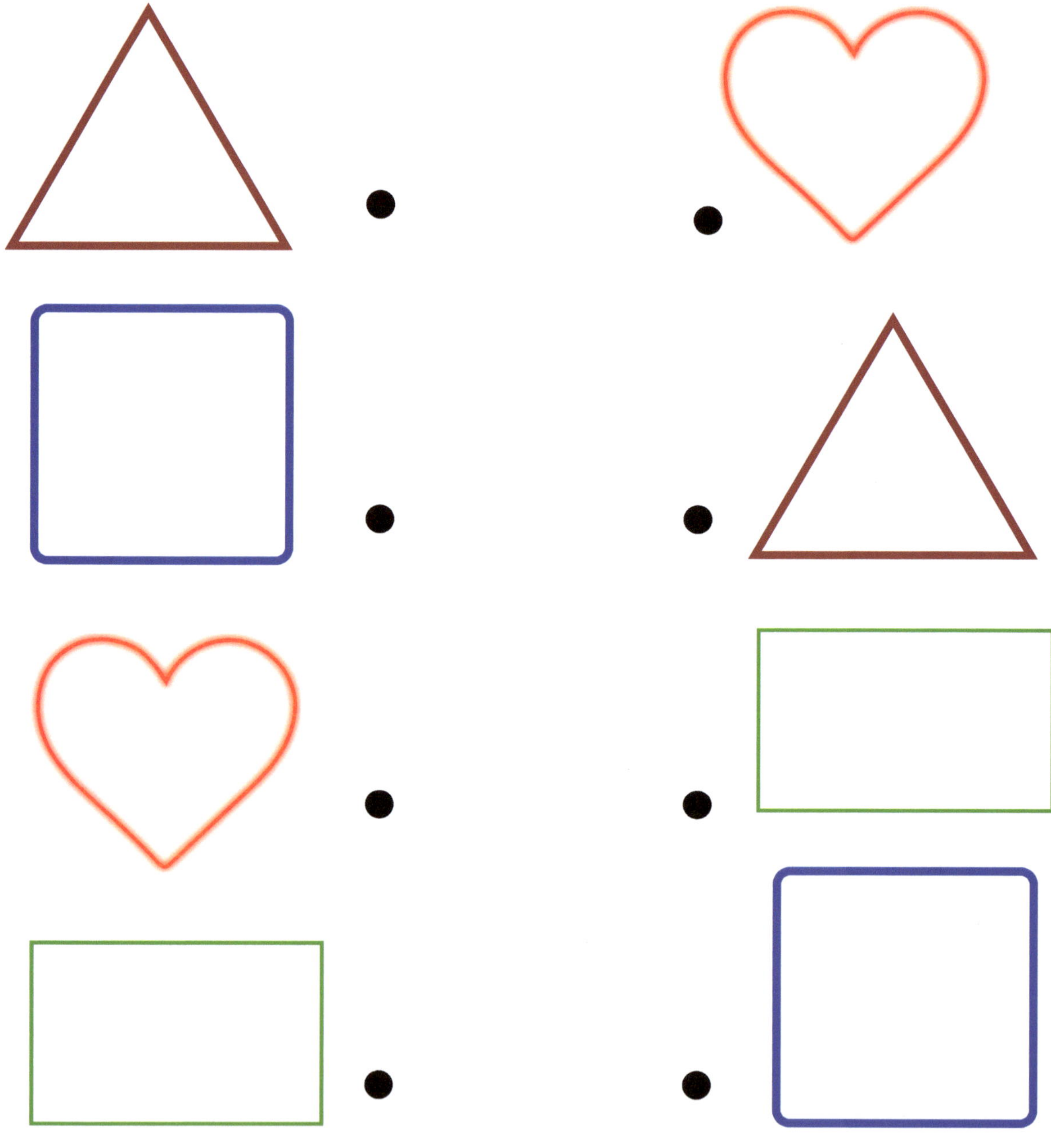

Dans le ciel

Trace une ligne pour relier les choses
que tu as déjà vues dans le ciel.

Relie le chien à la même couleur

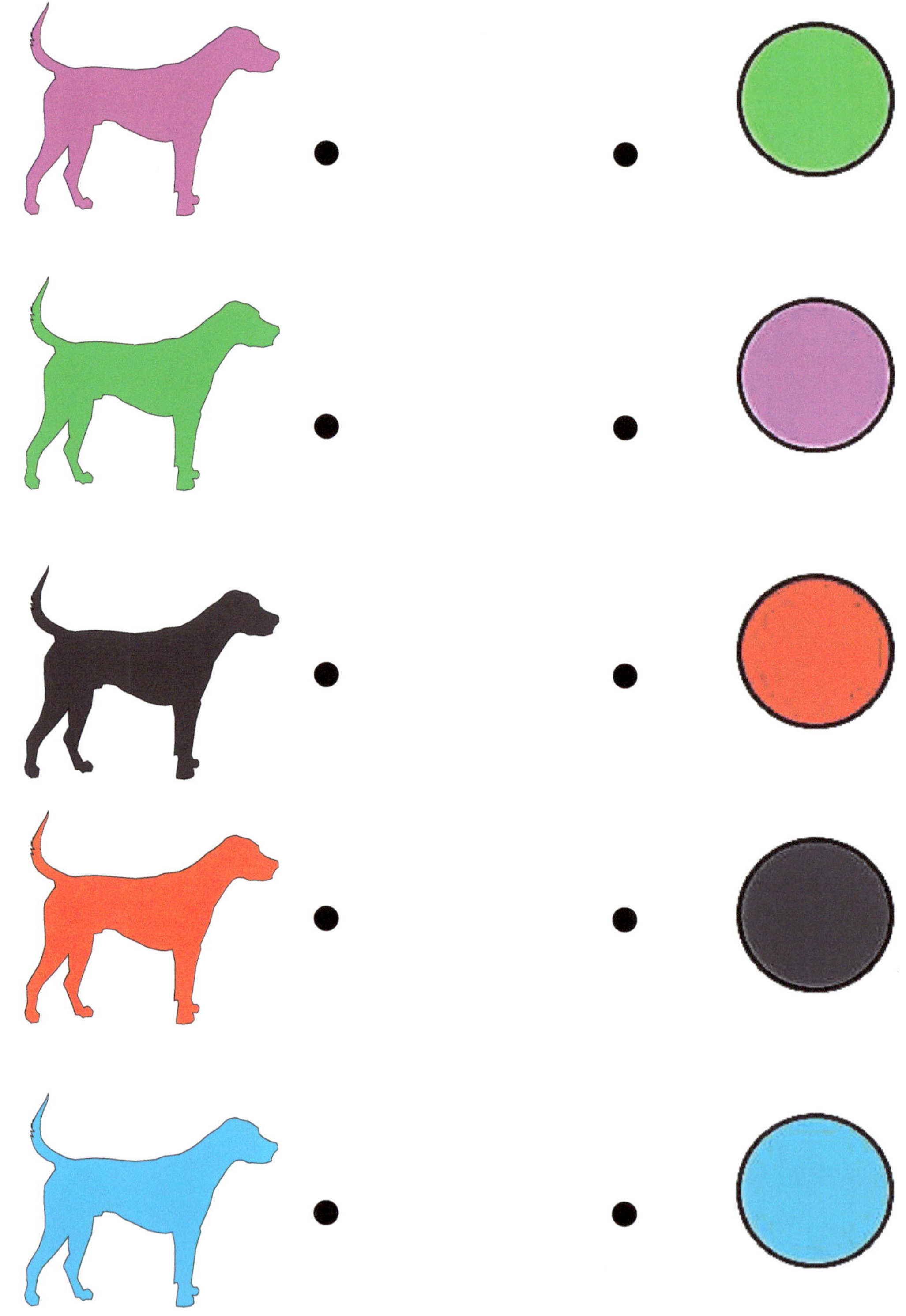

Sudoku

Grille 1

3	4		
	2		
	1		
		4	

Grille 2

		3	2
		1	3
		4	

2			4
3			2
1			

1		3	4
	1		2

	1	4	3
3		2	

1	2	4	
		2	
3			

Mots mélés

Thème Anniversaire

```
D E C O R A T I O N S A
B I S O U S O Q Z M Q H
C A D E A U X O G E X A
G V N I B A L L O N S A
I N V I T E S M C E T E
M V H C Q X M T O P G E
B B O N B O N S J E U X
J O I E E M U S I Q U E
U L A G A T E A U X E L
M B S P H O T O S E S I
```

INVITES   MUSIQUE   BALLONS   GATEAUX

BONBONS   DECORATIONS   CADEAUX

BISOUS   PHOTOS   JOIE   JEUX

Thème animaux

Je retrouve dans la grille le nom des animaux et je l'entoure

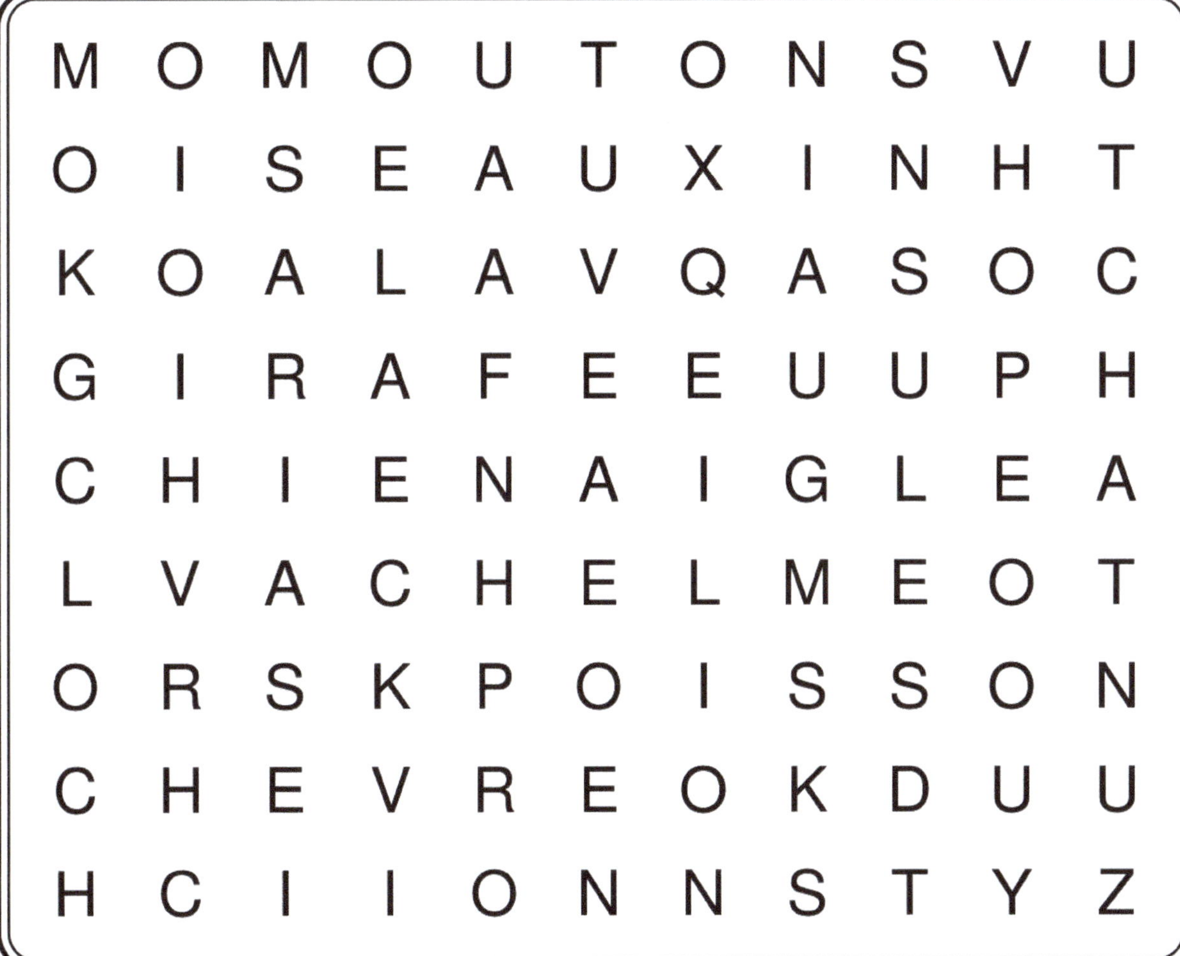

CHIEN KOALA GIRAFE CHEVRE
MOUTON POISSON VACHE OISEAUX
AIGLE CHAT LION

Thème école


```
P R I M A I R E D Y K U T
N A V C J C B N M A K P O
H C O W N Q X Z F Y J E I
E L E V E S I N P O T T L
F H E I I C A N T I N E
M A T E R N E L L E O K T
M A I T R E S S E N C J T
P A U G Y M N A S E O F E
C O U L O I R E Z T U Q S
R E F E C T O I R E R U G
P X E C L A S S E U F H P
```

PRIMAIRE   GYMNASE   COUR   TOILETTES
MAITRESSE   REFECTOIRE   MATERNELLE
CLASSE   COULOIR   CANTINE   ELEVES

Thème planète

Je retrouve dans la grille les noms ci dessous et je les entourent

```
U  G  C  M  M  F  M  A  R  S  J
F  Z  H  D  E  T  O  I  L  E  P
S  A  T  U  R  N  E  J  U  M  R
S  O  L  E  I  L  A  E  Z  T  M
T  T  A  A  E  C  F  U  S  E  E
E  C  O  M  E  T  E  L  U  N  E
R  J  U  P  I  T  E  R  T  A  Q
R  F  M  L  I  P  L  U  T  O  N
E  A  U  T  B  P  I  D  Y  S  N
```

JUPITER   SATURNE   COMETE

SOLEIL   TERRE   PLUTON   ETOILE

LUNE   MARS   FUSEE

Labyrinthes

Aide le lapin à retrouver ses carottes

Aide la famille à rentrer chez elle

Jeux des différences

Compare ces deux images et entoure les différences

Trouve
les 4 différences

Coloriage

Dessine ce petit ourson puis colorie le

Colorie le plus petit poisson

Colorie les dessins avec les couleurs indiquées

Solutions mots mélés

Anniversaire

INVITES   MUSIQUE   BALLONS   GATEAUX
BONBONS   DECORATIONS   CADEAUX
BISOUS   PHOTOS   JOIE   JEUX

Animaux

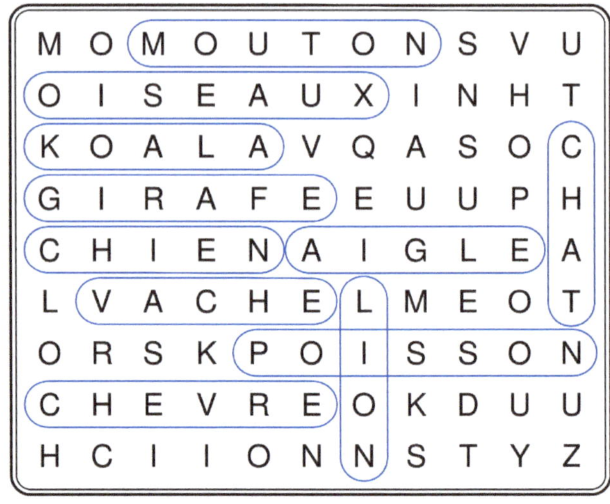

CHIEN   KOALA   GIRAFE   CHEVRE
MOUTON   POISSON   VACHE   OISEAUX
AIGLE   CHAT   LION

Ecole

PRIMAIRE   GYMNASE   COUR   TOILETTES
MAITRESSE   REFECTOIRE   MATERNELLE
CLASSE   COULOIR   CANTINE   ELEVES

Planète

JUPITER   SATURNE   COMETE
SOLEIL   TERRE   PLUTON   ETOILE
LUNE   MARS   FUSEE

Solutions sudoku

#1

	A	B	C	D
1	3	4	1	2
2	1	2	3	4
3	4	1	2	3
4	2	3	4	1

#2

	A	B	C	D
1	1	2	4	3
2	4	3	2	1
3	2	1	3	4
4	3	4	1	2

#3

	A	B	C	D
1	2	1	3	4
2	3	4	1	2
3	1	2	4	3
4	4	3	2	1

#4

	A	B	C	D
1	1	2	3	4
2	4	3	2	1
3	2	4	1	3
4	3	1	4	2

#5

	A	B	C	D
1	3	4	2	1
2	2	1	4	3
3	4	3	1	2
4	1	2	3	4

#6

	A	B	C	D
1	1	2	4	3
2	4	3	2	1
3	3	4	1	2
4	2	1	3	4

Devinettes

Comment appelle-t-on un rat qui en a assez ?

Pourquoi les éléphants mettent-ils des lunettes noires ?

Quel est le dessert préféré de la poule ?

Réponses : un ras-le-bol.

Pour passer inaperçue

La mouche au chocolat

Merci les amis et à bientôt !